C000127334

1 MONTH OF
FREE
READING

at
www.ForgottenBooks.com

By purchasing this book you are eligible for one month membership to ForgottenBooks.com, giving you unlimited access to our entire collection of over 1,000,000 titles via our web site and mobile apps.

To claim your free month visit:

www.forgottenbooks.com/free368012

* Offer is valid for 45 days from date of purchase. Terms and conditions apply.

ISBN 978-0-666-61958-7
PIBN 10368012

This book is a reproduction of an important historical work. Forgotten Books uses
state-of-the-art technology to digitally reconstruct the work, preserving the original format
whilst repairing imperfections present in the aged copy. In rare cases, an imperfection in
the original, such as a blemish or missing page, may be replicated in our edition. We do,
however, repair the vast majority of imperfections successfully; any imperfections that
remain are intentionally left to preserve the state of such historical works.

Forgotten Books is a registered trademark of FB &c Ltd.
Copyright © 2018 FB &c Ltd.
FB &c Ltd, Dalton House, 60 Windsor Avenue, London, SW19 2RR.
Company number 08720141. Registered in England and Wales.

For support please visit www.forgottenbooks.com

.F
394
.Yr

LES CÉLÉBRITÉS D'AUJOURD'HUI

Edouard Schuré

PAR

LOUIS DE ROMEUF

BIOGRAPHIE-CRITIQUE
ILLUSTRÉE D'UN PORTRAIT-FRONTISPICE
ET D'UN AUTOGRAPHE
SUIVIE D'OPINIONS ET D'UNE BIBLIOGRAPHIE

91387
919108.

PARIS

LIBRAIRIE *E. SANSOT* & Cie ÉDITEURS

7, RUE DE L'ÉPERON, 7

MCMVIII

IL A ÉTÉ TIRÉ DE CET OUVRAGE :

Six exemplaires sur Japon impérial, numérotés de 1 à 6 et dix exemplaires sur Hollande, numérotés de 7 à 16.

N

Droits de traduction et de reproduction réservés pour tous pays, y compris les páys scandinaves.

EDOUARD SCHURÉ

Chapitre I. — Sa Vie

C'EST le 21 janvier 1841 que naquit Edouard Schuré, dans la vieille cité de Strasbourg, au n° 6 de la rue Saint-Nicolas. Son père, Jean-Frédéric Schuré, était médecin, et son grand-père, maitre-tourneur et chirurgien à Strasbourg. Par sa mère, Mlle Blœchel, il se rattache encore à cette ville, dont M. Blœchel le père fut doyen de la Faculté de Droit.

Aussi bien du côté paternel que du côté maternel, Edouard Schuré, qui devait épouser plus tard la fille du pasteur Nessler, de Barr, prend ses racines dans ce qu'on pourrait appeler le patriciat protestant de la bourgeoisie. Nous verrons plus loin qu'on retrouve au cours de son œuvre, et avec une persistance singulière, ce goût de la méthode, de la discipline intellectuelle, de l'analyse introspective, et, plus encore, cette religion de la Conscience et ce culte du Scrupule qui sont une des plus fortes caractéristiques de la Réforme.

Après avoir perdu sa mère dès l'âge de 4 ans — deuil qui devait influencer toute sa jeunesse si ardente — Edouard Schuré fréquente le gymnase de Strasbourg, de 1848 à 1859. Il semble bien que c'est à l'autoritarisme de ses maîtres, à la compression ultra-piétiste de son directeur spirituel, que nous devons ces âpres révoltes du collégien qui devaient aboutir, chez l'homme mûr, à une totale libération des dogmes, à la plus fière, à la plus hautaine indépendance mystique, et, pour tout dire, au triomphe de l'Ame souveraine, dans la plénitude de son rayonnement, de sa foi intérieure et de ses espoirs d'éternité.

C'est à l'âge de 15 ans que, par suite de la mort de son père, il commence à prendre — si jeune — la responsabilité de vivre. Ses tendances à la littérature ne tardent point à s'affirmer, et il se nourrit de Gœthe, Schiller et de nos Romantiques avec une avidité impétueuse. D'ailleurs, dès sa licence en droit passée pour agréer à son grand-père, il se fixe à Paris qu'il ne quittera plus guère que pour de féconds voyages sur les rives latines.

C'était déjà un adolescent passionné de rêve et à l'imagination assoifée d'idéal.

Dans cet Alsacien à la taille élevée, au port altier et fier, à la stature de grand guerrier Viking, dans ce corps athlétique d'un conquérant de chevalerie qui s'en irait lutter pour quelque toison d'or, — un poète dormait, qui bientôt allait déployer ses larges ailes et monter, au souffle de sa foi, sur les plus nobles cimes qu'ait visitées jamais l'âme des hommes.

✱

Je crois fort que si les universités de Bonn, Berlin et Munich contribuèrent à donner à ce chercheur le goût du cérébral et de ce qui, dans l'esprit, est un peu plus que l'esprit, — c'est à Richard Wagner que revient le mérite d'avoir fixé pour toujours, en les centralisant, les mille aspirations de son être en fièvre.

A vrai dire, il ne le vit guère que quatre à cinq fois, de 1865 à 1876, mais le récit qu'il nous donne de la première représentation de *Tristan et Isolde*, non moins que de son entrevue avec le Maître, démontre suffisamment quelle influence en ressentit le futur auteur des *Grands Initiés*. On ne crée point la Tétralogie ni cette bataille titanesque de l'humain contre le divin, sans déchaîner au cœur des prédestinés la rafale créatrice qui, fatalement, *devait* souffler. Ce monde transcendant, que nos yeux de chair ne sauraient voir, mais que notre âme, en elle-même, appelle le monde véritable ; la nostalgie et la puissance de l'Art érigé en divinité destinée à régénérer les foules ; l'énigme formidable qu'est la destinée de l'homme pour celui qui médite, — voilà les problèmes que l'épopée de Wagner imposa à l'esprit, tendu d'Edouard Schuré.

Il connut donc là un homme qui était plus qu'un homme. Lors d'un voyage à Florence, vers

1872, il connut une femme qui devait être et était, en réalité, plus qu'une femme.

Mais pour dire aux générations futures ce que fut une Marguerite Albana Mignaty, et le dire avec des mots qui seraient les phrases même de cette voyante, il faudrait sans doute une plume impondérable, aussi fluide que l'âme rare qui n'est plus.

Qu'il nous suffise d'affirmer que sans Mme Mignaty, Edouard Schuré fût demeuré poète, sans plus. Il n'aurait point écrit les *Grands Initiés*, qui sont l'essence même de son être et ce qu'il y eut de meilleur en lui comme frémissements vers le Divin, comme approximation du Grand Mystère. Voici d'ailleurs ce que lui-même avoue, en la rapprochant spontanément de Wagner : « Si « Wagner m'avait révélé la puissance réforma- « trice de l'Art, Marguerite Albana me révéla la « puissance créatrice de l'Ame par l'amour, par « l'intuition et par la foi voyante dans les vérités « éternelles de l'au-delà. » Et ailleurs : « Je puis « dire que Wagner a vivifié mon aspiration vers « le Beau en lui révélant un art nouveau. Mar- « guerite Albana a refondu et recréé mon âme « par son amour. »

Admirable fusion de deux natures également ivres d'infinité et qui, reconnaissant d'un coup qu'une même soif les torture, décident de se donner leurs vies et de monter toujours, pour tenter de découvrir à deux ce merveilleux pays qui les angoisse, qui les hante, et qui, pour cela même, *doit* exister, puisque déjà il est en eux.

Voilà qui est assurément plus que l'amour. Voilà qui est le signe de la prédestination véritable, par quoi un homme et une femme semblent marqués pour de grandes œuvres. L'âme tendre et passionnée de Marguerite Albana forme ainsi autour de la figure d'Edouard Schuré une auréole ardente, qui s'est à jamais fondue avec l'âme du voyant-poète et lui donne tout son rayonnement. Au long des âges, elle éclairera ce prodigieux effort ésotérique où, durant les hivers florentins, sur les rives de cet Arno aux bras d'argent en guirlande, elle poussa doucement, de sa belle confiance d'amante et avec les mots divins que sait l'amour, l'audacieux mystique qui se posa un jour le fabuleux problème de la Vie.

C'est à sa mort, survenue à Livourne en 1887, que le poète Schuré se fit le serment d'aller plus avant que le rythme des mots, qu'il promit à l'ombre bien-aimée d'exécuter les chers desseins consolateurs, de vouer sa vie entière aux religions des siècles, aux fols élans de la terre depuis qu'il est des hommes, de soulever les voiles de l'Orient jonché d'icones, de promener une grande torche éblouissante parmi les sanctuaires de l'Espoir, de révéler à tous le travail occulte des âmes du monde, acharnées à percer ce troublant rideau qu'éclaboussent, aux nuits sereines de l'été, les pointes lancinantes des astres,—comme des dagues.

Chapitre II. — Son Œuvre

Elle se résume en deux mots : *l'Art et la Vie*.

Ce fut la formule même de l'Ecole idéologique qui, aux environs de 1892, institua, sous l'égide de jeunes fervents tels que Maurice Pujo, Henry Bérenger, Gabriel Trarieux, Firmin Roz, Eugène Hollande, Gabriel Sarrazin, une double réaction contre le Réalisme matérialiste et le Dogmatisme intransigeant.

Quand Edouard Schuré se mit à la tâche avec l'*Histoire du Lied* (1868), sans doute n'ambitionnait-il que d'être un commentateur fidèle et consciencieux des grands courants mystiques qui, depuis l'orée des siècles, ont agité l'esprit des peuples. C'est ainsi que jusqu'aux *Initiés*, il nous raconta l'Allemagne sentimentale, l'Alsace déchirée par l'invasion, les « Chants de la Montagne » et d'autres poèmes évocateurs.

La cause en est qu'il n'avait point encore trouvé le pôle de son vaste talent. Ce n'était là qu'entraînement préparatoire aux longs voyages qu'il allait faire dans les sphères presque vierges de l'Esprit pur. Il aiguisait son verbe sur la pierre meulière du lyrisme ethnique, et de ces premières escarmouches avec les farouches gardiens de l'âme celte ou germaine, il dégageait peu à peu les éléments d'une philosophie qui allait lui ouvrir toutes grandes les portes de l'Esotérisme.

A quoi croyait-il donc, ce fougueux impatient

qui voulait, du premier coup, franchir l'enceinte qui mène, par les claires voies de la Sagesse, au Vrai, au Beau et au Bien ?

Un critique, M. Yves Mainor (1), nous l'apprend en une heureuse formule. Il croyait que « la « justice et la vérité sont le dernier mot de « l'énigme universelle, qu'un principe divin « habite en nous, qu'une loi d'eurythmie souve- « raine préside à l'évolution des mondes, des « choses et des âmes. »

Et quoiqu'à peine adolescent, il le croyait avec une telle ardeur, que les ombres les plus épaisses de la vieille Egypte ou de l'Inde brahmanique de- vaient se diluer à cette lumière, et qu'en même temps cela déterminait d'un coup l'unité de son œuvre, lui donnait son harmonie, son éloquence, sa raison d'être, faisait de ses écrits plus que de la littérature, plus que des mots, mais bien une façon de statue vivante, gonflée d'enthousiasme et de tendresse, consolante pour lui-même et pour les autres, émancipatrice et généreuse, et qui livre à tous ceux qui parcourent en aveugles les ténè- bres de la vie, un peu de ce courage unique que donne l'Espoir.

*

Chef de l'Idéalisme mystique, voilà sans doute une définition d'Edouard Schuré.

Son idéalisme a commencé par être, si j'ose dire, positif et patent, pour devenir assez vite

(1) M. Edouard Schuré, par Yves Mainor. — Crassin, Angers, 1905.

symbolique, occulte, ésotérique. C'est une consé-
quence de la difficulté qu'éprouve l'homme à traduire sans images les émotions de l'idée nue, —
ainsi que de l'étude des mythes et des épreuves
propitiatoires auxquelles les races ont recouru sans
cesse pour se ménager la bienveillance des Forces
Dominatrices.

Il nous dit quelque part : « L'essentiel en ce
« monde n'est pas de réussir, c'est d'avoir une
« haute volonté. Si nous ne pouvons être des
« moissonneurs joyeux, soyons des semeurs har-
« dis et confiants. » Magnifique chanson d'allégresse que, d'âge en âge, les apôtres du Vrai se
sont transmises. —

Il est assez malaisé à première vue de mettre un
ordre parmi les dix-sept volumes qui forment le
bilan d'Edouard Schuré.

C'est qu'aussi bien, il s'y trouve un peu de tout
ce qui peut solliciter l'activité cérébrale d'un
homme. Il y a de la religion, de l'histoire, de la
légende, de la poésie, du roman, du théâtre, de
la critique, de l'esthétique. Et pourtant, si cet
écrivain effleura de ses ailes toutes les fleurs de
beauté et les féconda de son brûlant génie, le
vol garda la force et la grâce de l'unité. Partout,
il apporta à ses recherches une telle sérénité d'âme,
une telle confiance dans le Bien rédempteur, une
telle lucidité de vision, astreinte, par-delà les
formes, à pénétrer la substance et à la montrer
aux autres, — que d'un bout à l'autre de son

œuvre court le même sang animateur, la même sève nourricière, le même idéal lumineux, robuste et persuasif.

C'est dans les pages philosophiques qu'est concentrée la moëlle du chêne Schuréen.

Du tronc noueux des *Initiés* partent les rameaux des branches accessoires qui aboutissent à tous les aspects variés que peut revêtir la littérature. Il convient donc d'instituer en tête de cette étude le nœud qui l'explique toute et qui constitue, en même temps que l'intérêt de l'œuvre de Schuré, sa cohésion exceptionnelle, son influence et sa durée.

I. PHILOSOPHIE
(Religion. — Légende. — Histoire)

Nous avons marqué déjà qu'Edouard Schuré était avant tout et par-dessus tout, idéaliste.

Il l'est par tempérament et par conviction, car son hérédité, elle, devait logiquement lui fournir un spiritualisme littéral et rituel plutôt que cet élan spontané vers l'Idéal, qui le caractérise. Il est idéaliste à sa manière, qui est faite d'un respect de la tradition combattu par le désir fougueux de rester *soi*. Il croit de toutes ses forces à la prédominance de l'esprit sur la matière, mais il maintient néanmoins son contact avec la vie réelle. Si son imagination tendait à l'oublier, son cœur vient l'y ramener par les transes et les affres que lui cause l'imperfection des hommes.

C'est à coup sûr dans *Les Grands Initiés* qu'apparaît le mieux sa doctrine.

Ecrites sur les conseils de Marguerite Albana, ces pages frémissantes devaient expliquer et prouver le bien-fondé d'une thèse aussi vaste que le monde. Car la philosophie de Schuré avait résolu de n'être point égoïste. Se confiner dans la tour d'ivoire d'un Nietzsche, s'assurer un système commode pour apaiser sa propre conscience et ignorer systématiquement celle des autres, voilà qui eût été peut-être d'un cerveau fort, mais d'un cœur étroit. Le cœur de Schuré, égal à son âme, conçut le dessein de réconcilier les hommes qu'a divisés depuis toujours la multiplicité des autels.

C'est alors qu'il décida d'aller au cœur même des races pour surprendre le mécanisme de leur foi. Par les larges routes de la tradition, il s'insinua auprès de Rama, Krishna, Hermès, Moïse, Orphée, et connut peu à peu de quels éléments se composaient leurs rêves. Plus aisément, il s'assimila, en la clarifiant, la curieuse migration animique élue par Pythagore. Il se délecta du divin Platon et aboutit enfin au Jésus-Messie dont « la morale a pour dernier mot l'amour fraternel « sans limite et l'alliance humaine universelle, » qui, de plus, a réalisé dans sa vie publique toutes les phases de l'initiation et donné à l'humanité entière la preuve de la résurrection spirituelle par l'Amour.

Ce travail fait, il s'aperçut qu'au delà des cérémonies et des bréviaires, il y avait un fonds commun que Rama avait connu et que Jésus avait consacré. D'un bout à l'autre des siècles s'étendait une colossale guirlande, nouée d'une part au

Sphynx des Pharaons, de l'autre à l'étable de Bethléem, qui offrait une trame absolument homogène et reflétait ces deux croyances immuables au cœur de l'homme : l'âme distincte du corps, l'immortalité de cette âme après la ruine de ce corps et de son évolution ascendante dans l'univers par le principe de la réincarnation.

Voilà toute la métaphysique de Schuré. Il en complète l'essence par une seconde pensée maîtresse qui est la fusion de la Science et de la Religion. Pensée issue d'ailleurs des grands théosophes et que ratifie l'histoire. « Deux choses, nous dit- « il, sont nécessaires à la poursuite du grand « œuvre : d'une part, l'ouverture progressive de « la science expérimentale et de la philosophie « intuitive aux faits de l'ordre psychique, aux « principes intellectuels et aux vérités spirituelles ; « de l'autre, l'élargissement du dogme chrétien « dans le sens de la tradition et de la science éso- « térique, par suite, une réorganisation de l'Eglise « selon une initiation graduée et cela par un « mouvement libre de toutes les églises chré- « tiennes qui sont toutes également et au même « titre les filles du Christ. *Il faut que la science* « *devienne religieuse et que la religion devienne scien-* « *tifique.* »

On voit toutes les conséquences que peut engendrer une telle synthèse. Les autorités ecclésiastiques ne s'y sont point trompé, et il y eut notamment dans le journal *Le Monde* (1) un violent article de M. Marius Sépet qui, prenant en

(1) Numéro du 6 janvier 1890.

mains la cause du dogmatisme catholique, reprochait à « l'esprit élevé » qu'est l'auteur des *Initiés*
de « se perdre dans une vraie nuit des Walpurgis
« intellectuelle, alors que le grand jour de la phi-
« losophie catholique est là ».

C'est qu'aux yeux des pontifes, Schuré avait
encore aggravé sa faute en faisant sienne la théorie
des existences progressives par la Réincarnation,
que Krichna, puis Pythagore ont établie et commentée. Autant de schismes impardonnables qui
devaient mettre irrévocablement le grand penseur
au banc de l'orthodoxie, et lui amener par contre
tous les esprits libres qui, aspirant au perfectionnement de leur être et à son immortalité, se
refusent à respirer davantage l'air affadi des cathédrales, tandis que le ciel immense est sur leurs
têtes...

Les nombreux critiques qui ont parlé de l'œuvre
capitale d'Edouard Schuré, en France, en Italie,
en Angleterre, en Allemagne et en Russie, ont été
frappés surtout de la synthèse philosophique et
religieuse des *Grands Initiés*. La valeur artistique
de ce livre n'est pas moins remarquable. Il se présente à nous comme une grande fresque à huit
tableaux, où le relief des détails ne nuit pas à
l'unité de l'ensemble. De chapitre en chapitre, de
prophète en prophète, l'image vivante de l'univers,
tel qu'il se reflète dans la doctrine ésotérique,
grandit et s'illumine par de nouveaux côtés. Elle
atteint avec Pythagore l'ampleur de l'évolution
cosmique et, avec le Christ, l'importance d'un
événement planétaire.

Parmi les scènes impressionnantes du livre, citons la peinture des druidresses inspirées qui inventent le culte des ancêtres dans le délire de l'extase, sous les chênes de l'antique Celtide. Rappelons aussi, dans le chapitre d'*Hermès*, le récit de l'initiation égyptienne où le myste traverse les frissons de la mort léthargique et l'ivresse de la résurrection dans la lumière astrale. Notons l'orgie des Bacchantes et la fête dyonisiaque dans la vallée de Tempé, au chapitre d'*Orphée ;* la jeunesse de Pythagore et la description de son école à Crotone ; enfin cette « Genèse du Messie », cette préparation de Jésus à sa mission chez les Esséniens, où la vision mystique de la croix le consacre à son œuvre de Sauveur.

On ne peut prétendre que ces scènes soient historiquement documentées, mais elles s'impriment dans l'âme par une émotion mystérieuse et profonde qui a la vibration pénétrante de la vérité.

✱

« L'Ame est la Clef de l'Univers », — cette épigraphe des *Initiés* pourrait servir aux *Sanctuaires d'Orient* qui n'en sont que la poétique paraphrase.

Là encore, le philosophe combat pour la science, au nom du principe que loin de contrecarrer l'idée religieuse, elle l'éclaire de son jour véritable et en renforce les conclusions. Cela ne nous semble plus paradoxal quand nous réfléchissons que pour juger ces choses, Edouard Schuré remonte à l'origine même des prophéties, à ces âges bibliques, à la fois puérils et tragiques, où l'âme de l'homme, plus élémentaire et plus pure, s'entretenait sans intermédiaire avec les forces cachées de la nature, baignait directement dans l'éther translucide du Grand Tout, communiait étroitement avec le Maître des forêts, des ruisseaux et des plaines, jusqu'à devenir pour ainsi dire l'âme du Monde et à participer à son évolution.

C'est dans l'étude sur l'Egypte (1) que nous trouvons cette profession de foi du précurseur alsacien : « On recommence à se douter que le « monde moral ne serait pas possible sans un « principe intellectuel et ordonnateur, formant à « la fois le sommet et la balance, l'origine et la « fin de l'Univers ; que le monde naturel et « visible qui sert de base évolutive à ce monde « moral, n'est lui-même pas concevable sans le « double principe de l'intelligence créatrice et de « l'âme sensible à tous les degrés, dans toutes les « sphères de l'être ».

L'Egypte, la Grèce, la Palestine sont les terres d'élection où le bel optimisme d'Edouard Schuré promène son flambeau réconfortant.

C'est dans le chapitre où défile Corfou que notre sensibilité palpitera davantage à l'évocation délicieuse — et si mélancolique ! — de la chère ombre languissante de Marguerite Albana. Quelle fièvre, jaillie des cèdres de cette Villa Reale qui reçut les chants d'adieu de la jeune Corfiote, pareils à des élégies déclinantes ! La Grèce libre, la beauté de vivre, l'Amour, voilà ce qui alors

(1) *Sanctuaires d'Orient.*

passait aux yeux d'une femme qui, à peine née, avait déjà tant souffert, voilà ce qui, de son cœur, devait glisser au cœur d'Edouard Schuré et lui donner la force de se réaliser tout entier, merveilleusement.

C'est à propos des *Sanctuaires* qu'on a comparé Schuré à M. Renan.

Une même forme poétique les rapproche. Ils ont l'un et l'autre une clarté de style, une chasteté dans l'image et une sérénité descriptive qui rappellent le Cantique des Cantiques. Mais le doux sourire si las, si sceptique du rêveur de Tréguier se transforme, chez celui de Strasbourg, en une expression de conviction, de certitude robuste, d'allégresse communicative.

L'un murmure : « Qui sait ? » L'autre affirme : « Je sais ».

Peut-être Renan eût-il, lui aussi, scruté les Initiés sous l'angle ésotérique, mais il n'eût point conclu par cette confiance indestructible en la régénération du monde par le culte de l'Ame. Il n'eût point jeté à ses disciples ce beau cri de combat : « Affirmons la vérité de l'Idéal sans « crainte et aussi haut que possible. Jetons-nous « pour elle et avec elle dans l'arène de l'action, « et par dessus cette mêlée confuse, essayons de « pénétrer dans le temple des Idées immuables ». C'est que Renan ne fut qu'un poète, et qu'en Schuré vit un apôtre.

*

En revanche, l'auteur des *Drames Philosophiques*

aurait sans doute conté avec bonheur ces *Grandes Légendes de France,* où Edouard Schuré nous raconte — avec quelle grâce sensible ! — les songes de l'antique Alsace, les austères ravins de la Grande-Chartreuse, le Mont-Saint-Michel battu des vagues, le génie celtique de la Bretagne pétrie de fées.

En ces pages de résurrection, s'affirment une science historique très sûre, le sens des superstitions populaires, la notation du merveilleux opérant sur les cerveaux incultes et tous ces rudes frissons de l'âme des masses qui, à travers les âges et malgré le changement des institutions, sont demeurés presque immuables.

C'est un exposé des traits saillants de l'ancienne France, dans la région qui surplombe la Loire, où s'entrechoquèrent Germains et Celtes, Normands et Ripuaires. Et certaines histoires de jadis sont touchantes.

II. — Poésie

Dans les trois recueils de poèmes où le rêve ailé d'Edouard Schuré ne pouvait manquer de chercher un mode verbal, — *Les Chants de la Montagne, La Légende de l'Alsace, La Vie mystique* — nous retrouvons ce tourment de l'infini qui est la pierre de touche des grandes âmes.

« L'aspiration à la vie spirituelle à travers la « vie passionnelle », telle est la synthèse de cette étrange *Vie mystique* où des poèmes comme *Le Voile de l'Ombre* font servir le rythme et la rime à un drame de métaphysique. C'est d'ailleurs là

le reproche qu'on pourrait faire à ce didactisme
qui se défend d'en être, mais porte malgré tout
l'inconsciente gêne et la lourdeur inhérentes aux
exposés de doctrines.

III. — Romans

L'idée qu'Edouard Schuré se fait du roman
déjoue si totalement la conception habituelle,
qu'il convient d'en préciser l'essence.

Certes l'on y trouve une intrigue d'amour,
mais engagée sur des voies si hautes, conduite
avec de si rudes élans du cerveau et du cœur,
ramenée aux idées générales avec un tel accent de
gravité et d'angoisse — qu'il n'y a guère ici du
roman que le nom, et qu'on oublie vite la trame
des faits pour les principes de morale ou de théo-
sophie, pour une expérience d'occultisme comme
dans *Le Double* ou une façon d'envoûtement,
comme dans *La Prêtresse d'Isis*.

C'est que dans cette branche soi-disant légère
de la littérature, Schuré reste soi-même, c'est-à-
dire un homme qui prend au sérieux tout ce qu'il
voit, et interprète les heurts du cœur et de la
chair en les ramifiant à la vie de l'âme et à ses
destinées surnaturelles qui, seules, retiennent son
attention.

« Roman-poème, c'est-à-dire un roman qui
« n'est pas seulement le roman de la vie inté-
« rieure, mais encore et surtout le roman de la
« vie supérieure ; roman qui évoque en chaque
« être humain le héros ; qui n'est pas une planche
« d'anatomie morale, mais une statue de l'éner-

« gie intime » — telle est l'excellente définition que donnait Henry Bérenger à propos de l'*Ange et la Sphynge* (1).

Dans ce livre comme dans *la Prêtresse d'Isis*, c'est l'éternelle bataille entre la bête et l'ange, entre la chair et l'esprit. On devine d'avance auquel des deux l'idéalisme de Schuré donne la victoire finale.

Ce qui nous frappe dans ces œuvres et ce qui en constitue la moralité, c'est le rôle omnipotent qu'y jouent l'Amour et la Volonté, ces deux armes de l'âme qui est bien décidément « la clef de l'univers » et le seul moyen de le comprendre. Il y a donc là plus qu'une rénovation littéraire. Il y a des prolongements poignants lancés dans le monde de l'invisible, comme des arches de granit jetées de l'autre côté du grand abîme et qui nous relient, nous les hommes, à la Terre Promise.

IV. — THÉATRE

On peut présumer que ce furent les belles journées de Bayreuth, suivies plus tard des représentations ibséniennes, qui poussèrent Schuré à s'exprimer par la scène. L'apôtre qui, en lui, fermente sous le poète, trouvait ainsi le plus sûr moyen d'enseigner aux foules son noble évangile d'idéalisme. Dans des cadres comme le siècle de Constantin ou notre Révolution de 89, les tragédies de l'âme et leurs acteurs prenaient un relief passionnant, faisaient ressortir aux yeux des

(1) Revue Encyclopédique, 15 mai 1897.

moins « initiés » tout ce qu'est capable de créer un homme sincère, une femme qui aime.

Quoique foncièrement individualiste, le héros du drame schuréen n'est point un égoïste. Sa soif d'indépendance s'étend à ses frères captifs, et une grande pitié pour l'humanité souffrante tempère l'excès de la personnalité.

Voilà pourquoi Henry Bérenger a raison quand il nous dit qu'il ne faut le comparer ni à l'anarchiste d'Ibsen, ni au surhomme de Nietzsche. « Il a deux ailes qui leur manquent : l'enthousiasme et l'amour, » et c'est cela qui en fait un être socialement utile, capable de faire avancer cette race dont il est réellement le chef, parce que prêt à donner sa vie pour elle.

Trop beau concept pour être vrai, dira-t-on, et utopies dignes d'un âge où tous les hommes seraient des anges. N'empêche que, selon nous, l'homme qui veut atteindre cinq doit viser dix, et qu'aux faibles de la vallée il faut, quoi qu'il arrive et coûte que coûte, monter la cime.

Si dans les *Enfants de Lucifer* la figure de Lucifer déjoue l'idée farouche que s'en font les profanes et nous jette dans la déroute en personnifiant « le génie de la science, de la liberté et de l'indi-« vidualité humaines », — en revanche, *la Sœur Gardienne* nous paraît le chef-d'œuvre du genre.

L'on y trouve un inceste d'âmes qui, ajouté aux enchevêtrements de la double action, visible et invisible, laisse traîner dans la pièce un superbe mélange d'humanité et de surnaturel. Ce prométhéen Maurice est la rançon de la fatalité, comme la douce Lucile est la rançon du bonheur de son frère. Le drame est pénétré d'une tension d'âme si continue, qu'elle compose une unité scénique mille fois plus grande que toutes les « actions » résultant des faits. Enfin il y a des formules très hautes, très fortifiantes. « L'homme libre a-t-il « un autre but que de vivre son rêve et d'accom- « plir son œuvre dans la plénitude de son être ? » — « Chaque âme est une pensée de Dieu qui a « pour flambeau son amour. »

Dans *Léonard de Vinci* a été retracée en contours lumineux la forte image de celui qui fut comme la perfection de l'Italie Renaissante.

Si Edouard Schuré se pencha avec une telle avidité sur le père le *La Joconde,* c'est que son intuition avait discerné en cette âme une arène de sublime bataille. C'est qu'il en avait vu les secrètes fibres ravagées, tordues, disloquées par les plus atroces des luttes humaines, par le conflit dans un même cœur de la Science et de la Foi.

« Aimer le ciel et la terre d'un égal amour » et aimer, de cette terre, son plus radieux trésor, la Femme, complète et idéale, tandis que l'ambi- tion et la gloire, eux aussi, réclament leurs droits — quel plus beau champ d'enthousiasme pour un Schuré ! Et quand cet homme s'appelle Léonard et que cette femme est la Joconde, et qu'il s'agit de deviner avec la seule intuition de son cœur et la clairvoyance de son initiation, ce qui a jailli de passions et d'émois entre ces deux êtres au-dessus des êtres, — nous sentons bien que ce qui bouil- lonne en l'esprit du dramaturge, c'est comme une fièvre dionysiaque, comme cette fureur sacrée qui poussait les daïmones et les prêtres vers le trépied fumant, dans une anxiété inouïe de déchiffrer l'indéchiffrable, de livrer enfin aux hommes le Secret redoutable qui, depuis les origines, menace et horrifie leurs têtes.

*

On ne saurait quitter le théâtre d'Edouard Schuré sans faire remarquer que là comme dans le reste de son œuvre, règne une absolue, une étonnante chasteté.

C'est quand tous les ressorts de l'être sont déclanchés, quand la chair parle, comme dans la Lucile de *La Sœur Gardienne,* que s'aperçoit ce souci persistant de rester pur. Souci ? Peut-être pas. Mais la tendance naturelle d'un écrivain chez lequel le cerveau a tout accaparé, qui ne s'embrase que pour les tâches augustes de la Pensée et ne souligne, des troubles charnels, que leur répercussion animique.

Et pourtant, je le répète, il se trouve des situations (voir la *Prêtresse d'Isis,* la *Roussalka*) où le déchaînement des sens découle, très intense, de la trame elle-même, où l'on sent que le corps du héros ou de l'héroïne demeure, autant que son âme, la proie totale de la passion. Et bien, même alors, fond et forme restent limpides et sains. Il y a des nuances très fines, des mots exceptionnels pour traduire ces grands désordres que la plupart ne pourraient voiler. Et c'est bien là un des traits les plus symptomatiques du talent schuréen que, s'approchant sans cesse de l'incandescente flamme de la plus folle passion, il réussit toujours à ne s'y point brûler les ailes.

V. — Histoire Littéraire. — Esthétique

Dans son *Histoire du Lied*, Edouard Schuré nous fait un joli exposé de la chanson populaire en Allemagne. Il y a tout un chapitre consacré à Gœthe, qui résume à merveille ce que l'âme saxonne a de nostalgie romanesque et de lyrisme élégiaque. C'est un travail fortement documenté et éclairé par cette *intuitivité* supérieure qui permet à l'auteur des *Sanctuaires* de saisir jusqu'aux plus ténus frissons de l'âme d'autrui.

L'*Histoire du Drame musical* et *Richard Wagner* sont des critiques musicales renforcées de théories esthétiques et, surtout, du rapprochement entre « le développement de la musique et celui de la poésie ». C'est aboutir par là à poser Wagner comme le prototype de l'Artiste idéal et à l'offrir en exemple à ceux qui veulent faire des multiples chants de la nature vivante une complète, grandiose et impérissable symphonie.

Arrivons vite à ces *Précurseurs et Révoltés* qui sont bien, je crois, l'œuvre la plus originale et, pour certains, la plus séduisante qu'ait enfantée le génie de Schuré.

Réunir en une même fresque Schelley, Nietzche, Ada Negri, Ibsen, Maeterlinck, la Schrœder-De-vrient, Gobineau et Gustave Moreau, voilà qui, pour un profane, confusionne. Il y a pourtant en eux un lien commun que, seul, l'ésotérisme per-

met de voir. Comme le dit M. Yves Mainor (1),
il faut considérer « au-delà des hommes et des
idées, l'humanité et l'âme », et que « les œuvres
« individuelles n'ont de valeur que par leur puis-
« sance d'action générale et par leur don de
« refléter l'universel ».

C'est ce qu'a fait Edouard Schuré. Il a discerné
qu'en dépit de divergences apparentes, et même
réelles, dans leur concept de l'univers, ces
hommes avaient, à leur insu, apporté chacun leur
pierre au noble édifice de l'immortelle Pensée.
L'anarchisme d'un Nietzsche aboutit quand même
à faire ressortir la toute-puissance de la conscience,
la plénitude du Moi, — tandis que sous son
œuvre de peintre, Gustave Moreau dissimule la
nécessité de hiérarchiser les âmes et d'en discipli-
ner l'élan par une logique évolution.

Que sont ces êtres, de leur vivant méconnus et
que la postérité souvent raille ? Ce sont des soli-
taires, dans leur dédain drapés et qui n'ont eu que
le tort de vouloir monter plus haut que la vie.
Sublime audace qu'a comprise le critique à travers
leurs pages désolées. C'est qu'« ils ont reçu le
« don de seconde vue, nous dit-il, et expient, par
« une sorte de proscription, le dangereux privi-
« lège de vivre dans le futur ».

Et cependant, ce sont ces lutteurs-là qui font
avancer le monde.

Il est bon d'en avoir groupé les vigoureuses
tendances idéalistes ou panthéistes, d'avoir placé

(1) Op. cit.

la silhouette du légendaire *Surhomme* auprès de la résignation presque évangélique de celui qui découvrit avec les yeux de sa tendresse le *Trésor des Humbles* si consolant...

Quand les cendres de Schelley s'éparpillèrent au vent latin sur la plage de Viareggio, quand les larmes de Byron se furent séchées à la flamme de ce bûcher sublime, on vit que le cœur du héros était resté intact. Il nous semble qu'après la mort de ses Précurseurs, Edouard Schuré a sauvé leurs cœurs de l'oubli de la mort, pour nous en conserver à jamais les admirables et fortifiantes leçons.

CONCLUSION

Cet aperçu succinct d'une production considérable suffit à désigner Edouard Schuré comme le chef de l'Idéalisme français contemporain.

Il est un chef, parce que ce sont des enseignements qu'il nous livre et des voies nouvelles qu'il propose à nos tâtonnements d'aveugles. Il est un chef encore, parce que sa vie entière n'est que le miroir de sa tâche. Elle en a l'abnégation, la modestie, la conviction et l'unité. C'est un bloc de transparent cristal, au travers duquel il nous plait de lire un peu de l'éternelle Vérité.

Et néanmoins, Schuré n'a point dans les lettres françaises la place qu'il devrait avoir.

C'est l'ironie vengeresse d'un Henry Bérenger (1) qui nous en révèle la cause : « M. Ed. Schuré « n'est ni académicien, ni universitaire, ni jour-

(1) *Revue Bleue,* 23 juillet 1898.

« naliste ; il n'est même pas chevalier de la Légion
« d'honneur. Esprit religieux, il est en dehors de
« toutes les Eglises ; philosophe, il est en dehors
« de toutes les écoles ; poète et romancier, il est
« en deho.s de tous les cénacles. Il porte la peine
« de l'indépendance et de l'universalité de son
« esprit. » (1)

Et puis aussi, peut-être, il ne vient pas en son temps.

Il n'admet du nôtre ni la réclame, ni les perverses curiosités, ni le dissolvant byzantinisme. Son spiritualisme ne cesse de se heurter contre l'arrivisme outrancier qui a institué au pays de Pascal ce que M. Ernest-Charles a si joliment dénommé la « littérature industrielle ».

Il a une croyance solide en quelque chose de mieux, et le publicain qu'il évoque choque les pharisiens qu'il écrase.

C'est dans l'avenir infini que le grand apôtre aura tôt ou tard sa revanche.

Mais pourtant, est-ce que la patrie de Fabre d'Olivet et de Villiers de l'Isle-Adam se refusera plus longtemps à poser son laurier sur un front dont l'Etranger déjà a consacré la gloire ?

Louis de Romeuf.

Coudert, 1er Novembre 1907.

(1) « Au moment où vont paraître ces lignes, nous apprenons « que M. Edouard Schuré vient d'être fait chevalier de la Légion « d'honneur. Voilà une grande injustice réparée. Tous ses lecteurs « et amis s'en réjouiront. »

La Beauté doit se réalise[r]
[dan]s l'Âme comme dans son
[s]ctuaire le plus sacré,
[a]vant de s'exprimer sous
[un]e forme quelconque dan[s]
[l]e monde extérieur.

Edouard Schuré

AUTOGRAPHE DE M. EDOUARD SCHURÉ

OPINIONS

De M. Henry Bérenger :

Dans l'œuvre d'Edouard Schuré, la poésie fut toujours associée à la science, l'érudition à l'imagination, et ces deux puissances de l'esprit, qui d'ordinaire se contredisent et s'étouffent, se sont au contraire, enlacées et fécondées à la flamme d'un foyer unique et perpétuel. Précurseur de la nouvelle génération idéaliste, Edouard Schuré n'a jamais conçu que l'on puisse séparer les forces de l'âme ni les virtualités de l'univers.

...C'est précisément l'esthétique dramatique d'Edouard Schuré. Il prend l'histoire comme cadre mais il invente un drame. Ses héros n'ont pas existé, mais ils en éxistent que mieux. Ils achèvent la vie en la dépassant. Ils sont la couronne idéale des siècles morts... C'est dans ce sens que le symbolisme historique s'est imposé à la dramaturgie d'Edouard Schuré.

(*Revue d'art dramatique.* Juin 1900.)

De M. Ludwig Schemann.

Pour tout le monde, *les Grands Initiés* signifient d'une part un puissant effort de l'esprit humain pour

s'arracher à la vieille idée du Dieu judaïque, et de l'autre
un grand pas en avant de l'âme humaine, menacée de
mort par la science matérialiste, un pas vers le but qui
est aujourd'hui le soupir et l'appel de tous, vers la ré-
conciliation de la Science et de la Foi... Plus les choses
temporelles nous déçoivent et nous laissent en plan,
plus nous devons chercher consolation et renfort dans
l'Eternel. Et il n'y a pas beaucoup de livres qui seraient
capables comme celui-ci de nous consoler et de nous
réconforter dans tous les cas et par-dessus les pires
perspectives.

(*Bayreuther Blaetter*. 1897.)

Du Docteur Rudolf Steiner.

La lumière qui émane de ce livre est capable
d'éclairer tous les esprits qui cherchent actuellement la
force et la sécurité et veulent prendre racine dans les
dessous spirituels de la vie. — Il suffit de comprendre
les besoins religieux de l'heure présente pour se rendre
compte de tout le bien que pourra faire cette œuvre.
On y trouve la preuve historique que l'idée de religion
est inséparable de l'idée « d'initiation » ou « d'illumi-
nation ». Rien de plus universellement humain que le
besoin religieux. Une âme qui croit pouvoir vivre sans
religion se trompe lourdement sur elle-même. Mais
seuls les messagers du monde spirituel, qui ont gravi
les degrés extrêmes au pays des Voyants, peuvent
apporter aux âmes la lumière dont elles ont soif. S'il
est vrai que les religions sont capables de révéler les
plus hautes vérités aux cœurs les plus simples, il n'est
pas moins vrai que leur source se trouve au point où
l'esprit se dépouille du vêtement des apparences pour
devenir l'imagination créatrice en communiquant directement avec l'essence des choses qui est la suprême
réalité. Ainsi la recherche de la vérité devient l'inspira-
tion, qui, par delà les êtres multiples et leurs reflets

changeants, s'abreuve à la lumière primordiale des Idées.

En représentant les fondateurs des religions comme les plus grands des Initiés, Schuré a fait jaillir le développement religieux de l'humanité de ses racines les plus profondes. Ce livre est un des meilleurs symptômes de la spiritualité renaissante de notre temps. Nous comptons l'auteur de cette ouvrage parmi ceux qui marchent d'un pas intrépide dans l'aurore d'un âge nouveau.

(Préface à la traduction allemande des *Grands Initiés.*)

De M. Philippe Pagnat.

On ne saurait trop montrer dans le jour de leur destin inéluctable ces aventures sentimentales conçues hors la loi d'harmonie et portant en elles le ver destructeur... Cet amour (complet) qui fut un peu celui des grands spiritualistes et que le « bovarysme » tue dans la déformation romantique, doit répondre à toutes les facultés de l'être : physiques, intellectuelles, spirituelles... Dans *la Sœur Gardienne*, M. Schuré nous offre une autre manifestation de l'avenir créateur. C'est la forme la plus élevée qui soit : le renoncement à l'amour par amour, l'abnégation des aspirations les plus impérieuses et les plus légitimes, le don de soi jusqu'au sacrifice final de sa vie.

(*Gotha Français.* Décembre 1904.)

De M. Philippe Gille.

D'un travail ces *Grands Initiés* qui eût pu être une suite d'élucubration de philosophie civile et dont l'idée tombée en d'autres mains eut été prétexte à un jargon de pédants, l'auteur a su, par l'intensité de sa vision, sa pénétration des textes, faire un livre d'intérêt impérieux, de lecture attrayante ; poète en même temps que philosophe, il nous conduit à travers les plaines infinies de l'espace et du temps, et nous y montre les splendeurs d'une vie éternelle dont nous ne sommes séparés que par le mince et impénétrable obstacle de la matière qui nous enveloppe.

(*Le Figaro*. 13 septembre 1893.)

De M. Jean Dornis.

L'auteur de *La Prêtresse d'Isis* n'ignore point la répugnance de ses contemporains pour les recherches qui ne tombent pas immédiatement sous les sens. « Dans notre présent état, corporel, dit-il, nous avons peine à concevoir la réalisation de l'impalpable... » Le fait est qu'en composant ce roman de l'Ame, par lequel il veut fermer le cycle actuel de ses recherches, l'auteur s'est constamment souvenu de cette « doctrine orphique » que la Grèce avait empruntée à l'Egypte et dont M. Schuré dit, dans *les Sanctuaires d'Orient*, qu'elle fut « un essai d'expliquer l'origine et la fin de la vie par l'histoire de l'âme, tour à tour opprimée sous le joug de la matière, ou rendue à la liberté de l'esprit. »

(*Le Figaro*. 30 septembre 1907.)

BIBLIOGRAPHIE

I. — ŒUVRES

Histoire du Lied ou la Chanson populaire en Allemagne, précédée d'une étude sur le réveil de la poésie populaire en France. Paris, Perrin, 1903 (1ʳᵉ édition 1868). — **L'Alsace et les Prétentions prussiennes.** 1871, chez Richard, Genève (épuisé). — **Le Drame musical.** I. La Musique et la Poésie dans leur développement historique. — II. Richard Wagner, son œuvre et son idée. — 1ʳᵉ édition 1875, chez Fischbacher, Paris ; 3ᵉ édition 1895, chez Perrin. — **Les Chants de la Montagne**, poésies, 1876, chez Fischbacher, Paris. MÉLIDONA, 1880, Calmann-Lévy, Paris (épuisé). — **La Légende de l'Alsace**, poèmes. 1884, Charpentier, Paris. — **Les Grands Initiés**, esquisse de l'histoire secrète des Religions, 1ʳᵉ édition 1889 ; 13ᵉ édition 1907, Perrin. — **Les Grandes Légendes de France.** 1892, 3ᵉ édition 1896, chez le même. — **La Vie mystique**, poésies. 1894, id. — **L'Ange et la Sphynge**, roman. 1897, id. — **Sanctuaires d'Orient.** Egypte, Grèce, Palestine, 1898, 3ᵉ édition 1907, id. — **Le Double**, roman. 1899, id. — **Essai sur la Vie et l'Œuvre de Marguerita Albana**, suivi du *Corrège*, par Marguerite Albana. 1900, id. — **Souvenirs sur Richard Wagner.** 1900, id. (brochure). — **Le Théâtre de l'Ame.** 1ʳᵉ série : **Les Enfants de Lucifer** (drame

antique), **La Sœur Gardienne** (drame moderne), 1900,
id. ; 2e série : **La Roussalka** (réprésentée au théâtre de
l'Œuvre en mars 1902) ; 3e série : **Léonard de Vinci,**
précédé du *Rêve éleusinien à Taormina.* 1905, id. — **Précurseurs et Révoltés.** 1904, id. — **La Prêtresse
d'Isis,** légende de Pompeï, roman. 1907, id. — **Femmes
Inspiratrices et Poètes Annonciateurs.** 1908, Perrin.

II. — JOURNAUX ET REVUES

L'Œuvre de Richard Wagner et le **Drame musical** (Revue des Deux-Mondes, 15 avril 1869). — **La Vie
et l'Œuvre de Schelley, le poète panthéiste de
l'Angleterre** (Revue des Deux-Mondes, 1er et 15 février
1876). — **La Légende du Boudha** (Revue des Deux-
Mondes, 1er août 1885). — **Une Voix du Peuple :
Ada Negri** (L'Art et la Vie, 1er mars 1895). — **L'Indi-
vidualisme et l'Anarchie en littérature,** Frédéric
Nietzsche et sa philosophie (Revue des Deux-Mondes, 15
août 1895). — **Ibsen et le Drame de la Vie intérieure** (L'Art et la Vie, 1er avril 1896). — **Nietzsche
en France et la Psychologie de l'athée** (Revue
Bleue, 8 septembre 1900). — **L'Œuvre de Gustave
Moreau** (Revue de Paris, 1er décembre 1900).

III. — EN PRÉPARATION

Cris des Temps nouveaux (poésies).
Portraits et Souvenirs.
L'Esotérisme chrétien, son passé et son avenir.
Récits du Monde occulte.

A CONSULTER

Yves Mainor : *M. Edouard Schuré.* Angers, Germain
et Grassin, 1905. — **Philippe Pagnat :** *La Puissance
d'aimer,* Gotha français, décembre 1904, janvier 1905. —
(1) **Mlle Marie de Sivers :** Traduction allemande des

(1) *Les Grands Initiés* ont été traduits en italien par Arnaldo
Cervesato (Bari) et en anglais par Bothwall (Wellby, Londres).

Grands Initiés, avec une préface du Dᵣ Rudolf Steiner. Leipzig, Altmann, 1907. — **Ludwig Scheemann** : *Les Grands Initiés*. Bayreuther Blaetter, 1897. — **Henry Bérenger** : *Le Mouvement romanesque en France*, Revue des Revues, 15 mars 1897 ; *Le Roman-Poème*, Revue Encyclopédique, 15 mai 1897 ; *M. Edouard Schuré*, Revue Bleue, 23 juillet 1898 ; *Le Théâtre d'Edouard Schuré*, Revue d'Art dramatique, juin 1900. — **Philippe Gille**, bibliographie-Figaro, 13 septembre 1893. — **A. Bertrand** : *Les Grands Initiés*, L'Echo de Lodève, 28 janvier 1894. — **Marius Sépet** : *Variétés*, Le Monde, 6 janvier 1890. — Un article du Journal de Genève, juin 1894. — **Jean Dornis** : *La Clef de l'Univers*, Figaro, 30 septembre 1907. — **Edouard de Morsier** : *Le nouveau roman d'Ed. Schuré, la Prêtresse d'Isis*, La Revue, 15 février 1907.

Lightning Source UK Ltd.
Milton Keynes UK
UKHW020022181218
334174UK00013B/2131/P